www.ingramcontent.com/pod-product-compliance
Lightning Source LLC
Chambersburg PA
CBHW072220170526
45158CB00002BA/679
* 9 7 8 1 0 8 1 5 4 0 0 0 5 *